AF359847

# APPENDICE

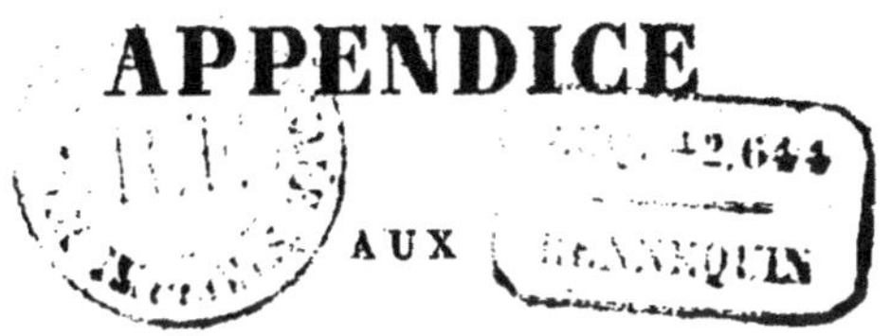

AUX

# RECHERCHES

SUR

## LES BAS-RELIEFS ASTRONOMIQUES

## DES ÉGYPTIENS,

PAR MM. JOLLOIS ET DEVILLIERS,

MEMBRES DE LA COMMISSION D'ÉGYPTE.

« Je dis donc adieu à un sujet désormais fini
« pour moi, et je retourne avec joie à des études
« chéries, que je lui avais sacrifiées depuis trop
« long-temps. »

Ainsi s'exprimait M. Biot à la fin d'un livre intitulé : *Recherches sur plusieurs points de l'Astronomie égyptienne*, qu'il publiait en 1823, et dont
une partie était consacrée à l'examen critique de
nos *Recherches sur les bas-reliefs astronomiques
des Egyptiens*, imprimées en 1816, dans le premier volume des antiquités (Mémoires) de a des-

cription de l'Égypte. Nous ne devons l'honneur de cette critique qu'à la nécessité où M. Biot dit s'être trouvé (1) « de repousser une réclamation « publiquement portée devant les Académies. »

Nous n'avons pas besoin de déduire ici les motifs qui nous ont fait négliger à cette époque la critique du savant académicien, et garder pour d'autres temps la réplique que nous avions à lui faire, afin de justifier la réclamation que nous n'avions pas craint de porter à l'Académie des Sciences, ne croyant pas alors offenser si vivement la susceptibilité d'un de ses membres.

Mais tout est bien changé aujourd'hui ; car M. Biot, arraché de nouveau aux études de son choix, est lancé plus que jamais dans la discussion des questions relatives à l'astronomie des anciens Égyptiens. Ce n'est plus toutefois pour fixer à 700 ans (2) avant Jésus-Christ l'époque des plus anciennes observations de cette nation ; ce n'est plus pour contester à M. Fourier, secrétaire perpétuel de l'Académie des Sciences, ses calculs des levers héliaques de Sirius ; c'est pour accepter tout ce que d'abord il avait repoussé. On lit en effet, dans le compte rendu par le journal *le Temps* de la séance de l'Académie du 30 juin 1834, « que M. Biot a pu constater que, « 3285 ans juliens avant l'ère chrétienne, les

---

(1) Page 283 de ses *Recherches*.
(2) Pages xxvi et 52 du même écrit.

« Égyptiens avaient déterminé dans le ciel la
« vraie position de l'équinoxe vernal, du solstice
« d'été et de l'équinoxe d'automne; qu'en outre,
« 1505 ans plus tard, en 1780, ils avaient reconnu
« que ces points primitifs s'étaient considérable-
« ment déplacés, et qu'ils ont exprimé ces deux
« états sur leurs monumens; » que peut-être, en
cette même année 3285, mais très certainement
en 1780, le lever héliaque de Sirius avait été
observé en Égypte. Cela devrait nous imposer
silence, et nous l'aurions gardé, si M. Biot avouait
son changement d'opinion, ses obligations envers
ceux qui l'ont précédé dans la carrière, et ses
torts vis-à-vis des personnes qu'il a critiquées si
amèrement. Mais, loin de là, il parle comme s'il
avait toujours eu raison; il prend de nouveau dans
nos écrits, publiés il y a dix-huit ans, les faits
que nous avons produits à l'appui de nos opinions qu'il adopte, et qu'il donne comme des
découvertes récentes de lui-même. Nous citerons
particulièrement ce qui concerne le plafond astronomique d'Hermontis, où nous avons signalé
les équinoxes de l'époque primitive des Égyptiens (1). Il nous a lus cependant, car il nous a
souvent cités textuellement. Puisque c'est un parti
pris par lui de ne faire mention de nos travaux
que pour les critiquer, quand nous avons la har-

---

(1) Voir nos *Recherches sur les bas-reliefs astronomiques des Égyptiens*
(Description de l'Égypte, Antiquités, Mémoires, tome 1er, page 441.)

4

diesse d'adresser des réclamations au public, nous
avons résolu (1), cela dût-il encore irriter sa susceptibilité, de faire une nouvelle démarche auprès
de l'Académie. Nous en attendons l'effet.

Toutefois, ayant pris la plume à ce sujet, nous
ne pouvons la quitter sans nous expliquer sur le
livre publié en 1823 par M. Biot, livre que nous
avions perdu de vue, et que nous venons de re-
lire seulement depuis quelques jours. C'est donc
sous l'influence des fâcheux souvenirs que cette
lecture a réveillés que nous écrivons ce qui suit.

En 1823, il n'était pas permis d'assigner une
antiquité trop étendue aux monumens astronomiques des Egyptiens, et M. Fourier, qui
avait annoncé des idées contraires, était alors
secrétaire perpétuel de l'Académie des Sciences.
De là résultait la nécessité de fixer une limite très
resserrée aux observations des anciens, 700 ans
par exemple avant Jésus-Christ, et de démontrer
que M. Fourier, qui appuyait des opinions dange-
reuses sur de faux calculs des levers héliaques de
Sirius, était peu digne de la place qu'il occupait.
Une heureuse circonstance se présente; c'est l'arrivée en Europe du zodiaque de Denderah : on
la saisit. Une commission, composée de MM. Cu-
vier, Fourier et Walkenaër, en avait proposé l'ac-
quisition; mais M. Biot attribue le succès à ses

_______________

(1) Nous avons adressé notre nouvelle réclamation à l'Académie le
4 août 1834.

sollicitations personnelles auprès du roi. On ne sait pas ce qu'il promit alors en échange de cette faveur ; mais on sait qu'il fit le sacrifice de ce qu'il avait écrit en 1811, dans le 2ᵉ volume de son *Astronomie physique*, page 312, et peut-être de son opinion véritable, si on en juge par ce qu'il écrit, maintenant que M. Fourier est mort et que de grandes influences n'existent plus.

Quoi qu'il en soit, en 1823, M. Biot découvre que le bas-relief de Denderah est un monument astronomique, un planisphère, construit avec une précision mathématique tout-à-fait remarquable, et qui ne laisse aucun doute sur son âge de 700 ans avant Jésus-Christ, avec une tolérance en plus ou en moins de 165 ans (1). Il lui accordera tout le mérite qu'on voudra, hors celui d'une plus haute antiquité.

Afin de démontrer sa proposition, il prend pour point de repère une figure généralement connue pour être le *Bouvier*. Nous devons dire ce que signifient ces expressions : *généralement connu* ou *généralement interprété*, que l'on rencontre fréquemment en lisant la description des constellations par M. Biot. La traduction doit être ceci : « Désigné par MM. Jollois et Devilliers dans leurs « *Recherches sur les bas-reliefs astronomiques des* « *Égyptiens.* »

M. Biot, partant donc d'Arcturus ( *le Bouvier* ),

---

(1) Page 53 de ses *Recherches*.

cherche un autre point fixe, incontestable. C'est
à *Antarès*, le cœur du Scorpion, qu'il s'arrête. Il
le trouve, non pas, comme on pourrait le croire,
dans le Scorpion, mais sur une *coupe* portée par
une petite figure, à une grande distance du Scorpion. Le troisième point, *également incontestable*,
suivant M. Biot, sera une étoile du carré de
Pégase; il exclut, on ne sait pourquoi, la princi-
pale, et donne la préférence à la seconde, à *Shéat*,
qu'il trouve, non pas dans l'emblème *généralement connu* (on sait à présent ce que cela veut
dire) pour être le carré de Pégase, constellation
dont elle fait cependant une partie essentielle,
mais à une grande distance, dans une légende
hiéroglyphique qui accompagne une figure étran-
gère à cette constellation. Le quatrième point est
*Foumalhaut*, le poisson austral, qui boit l'eau
du Verseau; et en effet, un poisson, accompa-
gné d'une étoile, est représenté à l'extrémité de
l'eau qui sort du vase du Verseau : mais ne vous
y trompez pas, ce n'est pas là le point qui con-
vient à M. Biot; il va, bien loin de cet emblème,
chercher une étoile dans une légende hiéroglyphique qui n'a aucun rapport ni avec le Verseau,
ni avec le poisson austral.

Ayant ainsi établi, sur de prétendus points
fixes, un échafaudage qu'il trouve bien solide,
M. Biot emploie toutes les ressources de la trigo-
nométrie sphérique pour calculer, d'après la position de ces points, celle du pôle du monument

Il pousse ses calculs jusque dans les dernières subdivisions du cercle; minutes ni secondes n'y sont négligées, pour arriver cependant à une approximation à plusieurs degrés près. Tel est le système dont il calcule ensuite la probabilité (1), et il trouve qu'il n'y a pas moins que quinze cents millions et même des millions de milliards (2) à parier contre un que c'est la réalité même. Quel abus des calculs!

M. Biot découvre ensuite avec assez de facilité des constellations que nous avions désignées depuis long-temps, sans nous être servis d'autre chose que du mode approximatif de projection employé par les auteurs du bas-relief de Denderah, et de la considération des paranatellons, c'est-à-dire des levers et des couchers simultanés des astres, ainsi que de leur passage au méridien. M. Biot fait aussi usage des paranatellons (3) ; mais il se garde bien d'employer ce mot : il est proscrit, puisque nous l'avons adopté; ce que nous avons fait d'un peu bien, il s'en servira, mais il en dénaturera l'origine.

Nous avons dit que M. Biot se fait un mérite d'avoir deviné le premier la méthode de projection employée par les constructeurs du plani-

---

(1) Page 47 de ses *Recherches*.
(2) Page 84 du même écrit.
(3) Page 97, 104 et 106 *idem*.

sphère de Denderah; il n'admet pas que nous ayons eu avant lui cette pensée, qui est cependant la plus simple et la première qui se présente à l'esprit; ou du moins, s'il ne veut pas donner un démenti formel à nos assertions à cet égard, il dit que nous n'avons su nulle part exprimer nettement notre opinion à ce sujet; que nos amis n'ont jamais réclamé pour nous cette découverte; et que même M. Fourier a dit positivement qu'après avoir eu l'idée de ramener la construction du zodiaque circulaire aux principes rigoureux d'une projection géométrique, nous y avions ensuite renoncé (1). On voit que M. Biot cherche à dissoudre cette ligue, cet esprit de corps qu'il attribue aux membres de la commission d'Egypte (2), dont il traite les opinions de *dogme*, et qu'il présente en quelque sorte comme groupés autour du *grand-prétre* Fourier (3); mais il ne voit pas qu'il fournit lui-même la preuve du contraire de ce qu'il avance. Jamais les opinions n'ont été plus libres que dans le sein de la commission d'Égypte; elles ont toujours été presque individuelles : c'est ce que l'on a peine à croire, lorsque l'on s'est livré à des associations moins indépendantes.

Nous nions formellement que M. Fourier ait dit en notre nom le contraire de ce que nous avons

----

(1) Page 231 de ses *Recherches*.

(2) Page xiii du même écrit.

(3) Page xvii *idem*.

écrit; nous acceptons le langage qu'on lui attribue, et nous prétendons qu'on l'a mal interprété. Il a pu dire en effet que nous avions renoncé à trouver une précision mathématique dans la projection du planisphère circulaire de Denderah : nous l'avons écrit nous-mêmes, et nous le répéterons encore; mais quant à la méthode approximative de projection, nous l'avons indiquée en plusieurs passages de notre Mémoire, que M. Biot cite lui-même en les commentant, les retournant et les présentant dans tous les sens, excepté dans le véritable. Il suppose des méthodes de projection très compliquées (1), que nous n'aurions jamais attribuées aux Égyptiens, et s'écarte sans cesse de la plus simple, qui consiste à développer les lignes méridiennes sur un plan tangent à la sphère dont le point de contact est le pôle du monde; et en prenant le degré pour l'unité de division de ces lignes méridiennes. Ne sont-ce pas là évidemment les caractères de la projection par développement, et ne les avons-nous pas énoncés suffisamment dans notre Mémoire (2), quand nous avons dit : « Si on suppose la sphère projetée sur « un cercle dont le pôle du monde occuperait le « centre, et dont les méridiens formeraient les « rayons, on aura une représentation tout-à-fait

---

(1) Page 257 de ses *Recherches*.

(2) Pages 457 et 458 de nos *Recherches sur les bas-reliefs astronomiques des Égyptiens.*

« analogue au planisphère de Denderah. » Voilà pour la méthode de projection. « Le cercle de « bordure représente l'hémisphère austral. » Voilà ce qui indique la représentation totale du ciel d'Égypte en un seul planisphère. « L'un des points « est à 23° 3o' du pôle du monde, et l'autre « est à 51° 3o' du même pôle, en supposant « 3o° de largeur totale à la zone de l'écliptique « qui renferme les signes. » Voilà pour les mesures le long des lignes méridiennes. On a beau dire que nous avons pris des *plans méridiens* pour des *lignes méridiennes;* qu'au lieu d'un cercle, suivant lequel nous avons supposé que se présentait l'écliptique sur la projection, c'est un courbe *ovoïde dont l'équation est transcendante* (1), nous n'en serons pas plus convaincus d'avoir ignoré ces détails que M. Fourier de n'avoir pas su calculer le lever héliaque de Sirius. Il résultera seulement de cette discussion que nous avons traité la question avec simplicité et sans le charlatanisme d'une foule d'expressions scientifiques tout-à-fait inconvenantes quand on parle de matières assez simples pour être à la portée de tout le monde. Relativement aux méridiens, M. Biot nous a très bien compris, comme on peut le voir dans son examen critique (2); et relativement à la courbe *ovoïde à équation trans-*

---

(1) Page 265 des *Recherches* de M. Biot.
(2) Page 260 du même écrit.

*cendante*, on sait que c'est une courbe fermée,
à diamètres égaux, qui s'écarte bien peu du cercle; car elle est comprise entre deux cercles espa-
cés seulement de quatre degrés, mesurés sur la
ligne méridienne, c'est-à-dire qu'à deux degrés
près elle se confond avec le cercle moyen. Observons en passant que *l'esprit de corps* de la commission d'Égypte, dont s'est plaint si amèrement
M. Biot, n'a pas été assez puissant pour empêcher
un de nos collègues de lui attribuer la fixa-
tion approchée de l'âge du monument, au moyen
de l'observation du déplacement des pôles. « Ce
« savant académicien, dit M. Jomard, a le mérite
« d'avoir ouvert une nouvelle route pour la re-
« cherche de l'époque du monument par la con-
« naissance du déplacement des pôles (1). » Ce
que nous avons écrit page 458 de notre Mémoire
doit prouver que nous en avions eu l'idée, mais
toujours sans y voir une exactitude mathématique.
« Si l'on cherche, avons-nous dit, à tracer un an-
« neau qui renferme le plus exactement possible
« les douze signes, on trouve que son centre doit
« être sur un rayon passant par le Cancer, cet
« astérisme étant au dessus de la tête du Lion, et
« *plus voisin du pôle* qu'aucune autre constella-
« tion zodiacale : cette disposition correspond
« évidemment à *l'époque* où le point solsticial

---

(1) Examen d'une opinion nouvelle sur le zodiaque de Denderah (*Re-
vue encyclopédique*, septembre 1822), page 5, à la note.

« était dans la partie du Cancer la plus voisine
« du Lion. »

Pour s'aider dans ses recherches, autant que
pour confirmer les bases et les résultats de ses
calculs, M. Biot a fait une projection des principales étoiles pour l'époque qu'il a considérée,
suivant la méthode des développemens et à l'é-
chelle du dessin du planisphère de Denderah. Il
en a porté le calque sur ce dessin, et la correspondance exacte ou approchée des constellations
connues avec des emblèmes inconnus, lui a fait
apparaître la signification de ces derniers. Tout
cet appareil n'était pas bien nécessaire : il ne
prouve pas grand'chose; car une projection sem-
blable, faite pour l'époque de vingt siècles avant
notre ère, en diffère très peu, quant aux conclusions qu'on peut en tirer, et il n'a pas toujours
conduit à d'heureux résultats. Le plus remarquable est la découverte de la constellation de la
Chèvre : c'est un homme qui porte à la main une
*tête de chèvre*. On a contesté cette explication, et,
en conséquence, M. Biot s'est cru obligé de donner un calque assez peu satisfaisant de cet emblème; cependant il profite de l'occasion pour
nous reprocher l'inexactitude de notre dessin. Il
est vrai que nous n'avions pas reconnu en Égypte
cette tête de chèvre; mais cela est-il bien éton-
nant, puisqu'on la conteste même à Paris? Il est
vrai encore qu'en parlant du Serpentaire, que
nous avons retrouvé dans le grand zodiaque de

Denderah par suite de son aspect paranatellon-
tique avec le Taureau, nous avons fait remarquer,
à la place correspondante du zodiaque circulaire,
cet homme que nous disions tenir *quelque chose
d'analogue à un serpent*; mais, avons-nous ajouté,
« ce qui est plus remarquable, on voit au delà,
« sur le même rayon passant derrière le Taureau,
« un grand serpent à tête d'Ibis. » D'où il suit que
nous n'assurions pas que l'homme tînt un serpent, et que nous n'avions pas de confiance dans
cette détermination du Serpentaire. C'est là cependant le premier et le principal reproche que nous
adresse M. Biot (1); on peut juger des autres.
Nous n'en tenons pas moins à ce que nous avons
dit de la constellation de la Chèvre et du Cocher
dans nos *Recherches sur les bas-reliefs astronomiques*, pages 474 du volume cité.

Parmi les constellations que nous avons nom-
mées, il en est dont nous avons donné la désignation comme certaine, d'autres seulement
comme probable, d'autres enfin comme très in-
certaine. C'est sur ces dernières particulièrement
que M. Biot cherche à nous prendre en défaut :
ainsi, par exemple, Persée et Andromède sont
l'objet d'une longue discussion (2), pour nous
contester vivement et sans peine la désignation
que nous en avons donnée avec la plus grande

---

(1) Page 268 de ses *Recherches*.
(2) Pages 270 et 271 du même écrit.

réserve dans un article finissant par cette observation (1) : « On voit qu'il n'est pas possible de
« retrouver dans les bas-reliefs astronomiques des
« Égyptiens l'origine de la fable de Persée et d'An-
« dromède, qui doit être presque entièrement
« d'invention grecque. Cependant, comme il y a
« quelque analogie entre plusieurs symboles re-
« présentés sur les monumens égyptiens et les
« personnages de la fable grecque, nous avons
« cru devoir les signaler; elles pourront, par la
« suite, conduire à des explications plus satisfai-
« santes. »

La critique de notre dessin n'est pas plus fon-
dée; c'est sur des détails, en quelque sorte im-
perceptibles, qu'on l'a attaqué. Nous avons fait
un calque de celui de M. Gau, exécuté en France,
et auquel M. Biot donne les plus grands éloges,
et nous avons appliqué ce calque sur notre dessin. Nous déclarons que nous avons été étonnés
de la concordance qui existe. M. Biot prétend que
nos figures sont plus maigres, et que notre dessin
n'est pas rempli comme dans la copie de M. Gau;
il ne fait pas attention que si nos emblèmes se
détachent sur le fond, c'est avec intention, et pour
éviter la confusion, que nous avons dû produire
cet effet, qui tient uniquement à la différence du
travail de la gravure. Qu'on passe une teinte de

_______________

(1) Page 471 de nos *Recherches sur les bas-reliefs astronomiques des
Égyptiens*.

fond sur le dessin de M. Gau, et l'on aura le même effet que nous avons produit.

M. Biot s'attache à des détails presque microscopiques, et y voit des inexactitudes capitales (1). Nous avons répondu par la coïncidence presque parfaite des deux dessins mis l'un sur l'autre, l'un exécuté en France par un dessinateur de profession, commodément établi en beau jour; et l'autre fait par de jeunes élèves de l'école polytechnique, dessinant dans une salle obscure du temple de Denderah, où ils étaient établis furtivement au milieu des Arabes, loin des postes français, et malgré la défense expresse du général Béliard, commandant la province, qui n'avait pas alors assez de soldats pour protéger les excursions scientifiques, en même temps que de tous côtés il fallait faire face à l'ennemi qui nous environnait.

Avant de quitter le zodiaque circulaire, M. Biot s'attache à quelques circonstances qui paraissent bien peu dignes de son sujet. Deux signes qui sont hors du cercle indiqueraient suivant lui le sens de la rotation diurne, idée qu'il trouve conforme aux tourbillons circulaires par lesquels les anciens supposaient que la sphère céleste était entraînée : c'est attacher beaucoup d'importance à de bien petits objets; mais cela fournit l'occasion (2) de faire apercevoir que dans notre dessin

---

(1) Page 281 de ses *Recherches*.
(2) Page 116 du même écrit.

ces deux signes n'ont pas tout-à-fait leur direction véritable. Il s'en faut, il est vrai, de l'épaisseur du trait de crayon; il fallait de l'habileté pour le reconnaître.

M. Biot voit une correspondance entre les figures de l'intérieur du cercle et les légendes sculptées contre les grandes figures, qui supportent le médaillon et auxquelles il ôte ces attributs. C'est donner, cette fois, bien peu d'importance à ces grandes figures, qui sont dirigées suivant les lignes diagonales du carré, dans lequel le médaillon est inscrit, et qu'on pourrait regarder comme indiquant la direction des colures; c'est ce qu'il y a de plus régulier et de plus géométrique dans le tableau. Ces quatre figures debout, avec les huit autres accroupies, ont certainement un rapport avec les douze mois de l'année.

M. Biot s'est occupé aussi du zodiaque rectangulaire; mais avec une attention moins soutenue pour tout ce qui s'y rapporte.

En effet, il dit en débutant (1) que l'on ne sait rien de l'intérieur du temple de Denderah, attendu qu'il est encombré par des sables et des ruines à travers lesquels on n'a pu pénétrer. Cependant notre description contient un article de 12 pages in-folio, intitulé *De l'intérieur du temple proprement dit.* Un grand nombre de dessins y ont été recueillis, et sont publiés dans la description de

---

(1) Page **121** de ses *Recherches.*

l'Egypte. C'est faire peu de cas d'un travail qui n'est pas sans intérêt, ou c'est prouver qu'on ne l'a pas lu sans une prévention défavorable.

Plus loin l'auteur avance (1), à l'occasion du zodiaque du petit temple d'Esné, *que la vierge paraît y être absolument la première figure de la série sortante.* D'où il résulte que si M. Biot n'a pas voulu voir à Denderah ce que nous lui avons montré ; à Esné au contraire, et sans aller en Egypte, il nous apprend des faits opposés à nos observations ; car nous avons constaté que la Vierge du petit zodiaque d'Esné a été entraînée dans la chute d'une partie du plafond ; tout ce que nous avons pu faire a été de reconnaître au milieu des débris l'épi qu'elle tient à la main. Nous sommes donc bien éloignés de pouvoir affirmer qu'elle était *absolument la première figure de la série sortante.*

Enfin, pour dernier exemple d'inattention, car il faut en finir à ce sujet, nous ferons remarquer que M. Biot (2) place Esné au nord de Thèbes, comme Denderah ; or Esné est aussi loin de Thèbes, vers le sud, que Denderah l'est au nord, et il y a environ 25 lieues de l'un des points à l'autre.

Il est une question plus importante à laquelle M. Biot a consacré beaucoup de pages, et une at-

____

(1) Page 124 de ses *Recherches.*
(2) Page 308 du même écrit.

tention toute particulière. **Nous appartient-il d'en parler puisqu'il ne s'agit pas de nous? C'est M. Fourier, cette fois, que M. Biot a pris corps à corps.** L'illustre auteur de la théorie de la chaleur, combattu sur un terrain qu'il a choisi lui-même, n'est-il pas trop fort de sa réputation pour avoir besoin de défenseur? Toutefois, puisque nous avons l'avantage de connaître à peu près le fond de sa pensée sur la question dont il s'agit, nous essaierons de faire seuls ce que nous devions faire avec lui, *pour éclaircir ce qu'on a voulu rendre obscur.* Ce sont les expressions d'une lettre (1) qu'il nous écrivait le 16 septembre 1823 à l'occasion du livre de M. Biot dans lequel on lit (2) : « Jamais à l'époque du lever héliaque de « Sirius en Egypte, le soleil ne s'est trouvé occu- « per dans le ciel les positions successives que « M. Fourier lui assigne ; » et (3) : « J'ignore ce « qui a pu faire illusion à un aussi habile géo- « mètre que M. Fourier, dans une application de « calcul aussi simple. »

Comment un membre de l'Académie des Sciences s'est-il laissé entraîner à parler aussi légèrement d'un de ses plus illustres confrères? Serait-ce parce que M. Fourier était secrétaire perpétuel de

---

(1) Voir le *fac simile* de cette lettre à la fin de cet appendice, planche 1<sup>re</sup>.

(2) Page **234** de ses *Recherches*.

(3) Page **xxxi** *id.*

cette savante assemblée, et que les dignités ont toujours le privilége d'être critiquées et enviées? Il semble que sans cela M. Biot aurait dû croire toute autre chose que ce qu'il a voulu découvrir dans les écrits de M. Fourier. Dans ces mêmes écrits il a lu mais il n'a cité qu'en partie les passages suivans :

Page 821. « On peut déterminer par un calcul « très approché le siècle où le point héliaque, « qui sert d'origine à l'année caniculaire, a passé « du signe du Lion dans celui du Cancer. Il est « évident que cette époque, qui *diffère peu de* « 2100 *ans* avant notre ère, etc., etc.... Pour un académicien, et même moins qu'un académicien , cela ne voulait-il pas dire : « Je reconnais pour « point de division entre le signe du Lion et ce- « lui du Cancer, dans le zodiaque primitif des « Egyptiens, le point héliaque de Sirius 2100 *ans* « *environ* avant notre ère? » Au lieu de cela M. Biot se demande (1) si M. Fourier a entendu parler de la division des signes mobiles, ou des constellations, telles qu'elles sont figurées d'inégale étendue sur nos sphères. Ces deux supposi- tions sont évidemment contraires à tout ce qu'a écrit M. Fourier.

On lit en effet dans son Mémoire page 804, du tome 1<sup>er</sup> de la description de l'Egypte, *Antiquités*, *Mémoires* , « Vingt-cinq siècles avant l'ère chré-

---

(1) Page 235 et 236 de ses *Recherches*.

« tienne, l'observation avait fait connaître les pre-
« miers élémens de l'astronomie; on les réunit
« alors, et l'on forma une institution fixe, etc, etc.

Page 808. « Les Egyptiens avaient divisé en 12
« parties la région du ciel où l'on observe les pla-
« nètes. Les noms des constellations étaient déri-
« vés de leurs formes apparentes, et des effets
« naturels qui coïncident avec l'apparition des
« astres. Les dénominations populaires avaient
« probablement précédé d'un ou deux siècles l'in-
« stitution astronomique qui fixa les douze *signes*
« *égaux* et les parties de ces signes. »

Page 814. « Si on suppose que le solstice d'été
« occupe le 1er degré du Lion, ce qui a eu lieu
« *environ 25 siècles* avant l'ère chrétienne, etc.

Page 816. « Le point où le soleil doit parvenir
« pour renouveler le lever héliaque de Sirius,
« n'est pas fixe dans le ciel. Il se meut par rap-
« port aux étoiles. Il était encore dans le signe du
« Lion vers le *milieu du 25e siècle* avant l'ère chré-
« tienne, lorsque l'on imposa, en Egypte, aux
« constellations zodiacales des noms et des figu-
« res propres à ce climat. Environ *trois siècles*
« *après*, il était au point de division qui sépare le
« Lion du Cancer. »

M. Fourier, en faisant coïncider le 1er degré du
Lion avec le solstice d'été, *environ 2500 ans* avant
l'ère chrétienne, répète en d'autres termes ce
qu'il a dit ailleurs que trois siècles après *le milieu
du 25e siècle*, c'est-à-dire, 2150 ans avant Jésus-

Christ, ce qui *diffère peu de* 2100 *ans*, le point héliaque de Sirius était au point de division qui sépare le Lion du Cancer. En effet, la longitude du point héliaque rapportée à la position des étoiles pour 1750, était 2782 ans avant notre ère de...................... 152° 24′ 25″

Et en 1322 de............. 143° 49′ 50″

La différence pour 1460 ans est    8° 34′ 35″

Ce qui établit pour la rétrogradation moyenne annuelle du point héliaque 21″, 15.

Il est facile de trouver d'après cela, par un simple calcul de proportion, que le point héliaque était, 2150 ans avant notre ère, à 148° 41′ 39″.

Or, on trouve d'autre part, en calculant la rétrogradation du solstice à raison de 50″ par an, que cette longitude est celle du point solsticial 2476 ans avant notre ère : c'est bien environ 25 siècles ainsi que l'a dit M. Fourier qui, par conséquent, a déterminé de deux manières bien précises, et aussi rigoureusement qu'on peut le faire sans chiffres, le 1er *degré du Lion, ou le point de division du Lion et du Cancer.* Ce point est le lieu du solstice 2476 ans avant notre ère, et le lieu du point héliaque 326 ans plus tard. Il se trouve à 2° 20′ 27″ à l'est de Régulus dont la longitude est 146° 21′ 12″.

Ce point de division étant déterminé, les autres se trouvent de 30 en 30 degrés; car M. Fourier dit

que *les signes étaient égaux*. Cette division en signes égaux n'est donc pas celle des constellations
qui sont toutes inégales dans le ciel; elle remonte
à plus de 2000 ans avant Eudoxe, et n'est pas
celle qui, par suite de la précession des équinoxes,
est devenue notre zodiaque rationnel. Elle en diffère seulement de 1° 18′ 21″; mais c'est en rétro-
gradant. Le zodiaque rationnel a toutefois avec
la division égyptienne une autre relation que
nous avons fait remarquer dans nos Recherches
sur les bas-reliefs astronomiques, page 490, où
nous avons adopté une division peu différente
de celle de M. Fourier. Nous avons indiqué comme
la plus probable celle passant sur Régulus, la seule
étoile de première grandeur qui se trouve sur
l'écliptique. Elle y est presque exactement, tandis
que les plus voisines ensuite, l'épi de la Vierge,
Antarès et Aldébaran en sont à 2, 5, ou 6 degrés.
Aussi a-t-elle fixé l'attention de tous les observa-
teurs, et notamment d'Hipparque, à qui elle a
servi pour constater la rétrogradation des équinoxes. Il est impossible, dans quelque temps, en
quelque lieu que l'on ait entrepris la division de
l'écliptique que l'on n'ait pas songé à prendre Régulus pour point de départ.

D'un autre côté nous avons fait observer que
l'établissement des vingt-huit divisions lunaires,
admises dans tout l'Orient, doit être du même
temps que celui des douze divisions solaires; que
ces deux systèmes doivent avoir Régulus pour

point commun de départ; que la distance en longitude de Régulus à l'étoile γ du Belier est...................... 116° 40′

Que 9 divisions lunaires, lesquelles ont chacune 12° 51′ 26″, font ensemble.............. 115° 43′

Et qu'il en résulte que la 9ᵉ division lunaire, en partant de Régulus, passe seulement à.... 0° 57′

à l'est de l'étoile γ du Belier, point de départ de la division lunaire dans tout l'Orient, et de notre zodiaque actuel. M. Biot, dans son Astronomie physique, 2ᵉ vol., pag. 78, fait remonter la coïncidence des deux zodiaques, visible et rationnel, à 417 ans avant notre ère, ce qui correspond à 28′ à l'est de γ du Belier. Nous ne nous arrêterons pas à la différence qu'il y a de 57′ à 28′, laquelle est insensible pour des observations de cette époque; et nous demanderons comment on peut expliquer autrement que par une division préexistante ce point de départ de γ du Belier, si peu remarquable par lui-même? La division de notre zodiaque est donc liée à celle du zodiaque des Egyptiens par l'intermédiaire d'une division lunaire égyptienne, laquelle se trouvant à l'équinoxe, est devenue le point de départ de la nouvelle division solaire, 417 ans avant notre ère.

Cette correspondance des deux systèmes de

division solaire et lunaire, à moins d'un degré
près, nous a paru très remarquable. « Il est évi-
« dent, avons-nous dit, que Régulus n'a cessé
« d'occuper le premier rang que lorsque l'étoile
« $\gamma$ du Belier, étant arrivée sous le colure des
« équinoxes, on a commencé l'année à l'équinoxe
« du printemps, au lieu de la commencer au
« solstice d'été. » Il a fallu que le colure fût arrivé
au point extrême du Belier pour que cette constellation tout entière fût comprise dans le premier mois de l'année commençant à l'équinoxe ;
comme nous avons dit, page 486 de nos *Recherches*, qu'il avait fallu que le colure des solstices
fût arrivé sur Régulus, après avoir dépassé toutes
les étoiles remarquables de la constellation du
Lion, pour que cette étoile devînt le chef des
constellations zodiacales. Nous ferons remarquer,
sans y attacher d'importance, qu'à l'époque où le
solstice était sur Régulus et les Pléiades à l'équinoxe, le point héliaque était à 149° 37', c'est-à-
dire à 23' d'un des points de la division actuelle,
et que Foumalhaut est à 21' d'une autre division.

Le point de départ des divisions de M. Fourier
étant à 148° 41' 39", et le nôtre à 146° 21' 12",
nous différons avec lui de 2° 20' 27" sur la situation des colures au moment de l'établissement du
zodiaque ; mais cette différence ne change rien à
l'état de la question. Il est bien démontré que,
l'an 139 de notre ère, le point héliaque de Sirius,
que M Biot trouve encore avec raison dans la

*constellation du Lion*, était en même temps dans le *signe du Cancer*, tel que les anciens Egyptiens l'avaient établi. Il y était, suivant la division adoptée et bien clairement désignée deux fois par M. Fourier, depuis l'an 2150 avant Jésus-Christ, et déjà avancé de 12° 39′ 45″, puisqu'il était à 136° 1′ 54″, tandis que le point de division des deux signes était à 148° 41′ 39″. Il n'était donc pas dans le *signe du Cancer* l'an 2782 avant Jésus-Christ, comme le dit M. Biot, qui n'a pas voulu reconnaître le point primordial et le système de division du zodiaque, exposés avec tant de précision par M. Fourier.

Il n'y était même pas suivant la division du zodiaque immobile, puisque le signe du Cancer s'y étend du 120° au 150° degré, et que la longitude du point héliaque, en 2782, était 152° 24′ 25″. La distance du point de division au point héliaque étant de 2° 24′ 25″, et la rétrogradation de ce dernier point étant, comme nous l'avons vu, de 21″, 15, le temps écoulé a été de 410 ans, et le passage s'est opéré en 2372.

Pour que le point héliaque se fût trouvé, à la rigueur, dans le signe du Cancer 2782 ans avant notre ère, il faudrait nécessairement, ainsi que l'admet M. Biot (1), que le zodiaque eût été mobile antérieurement à la coïncidence de 417 ans

---

(1) Pages 235, 238 et 239 de ses *Recherches*.

avant notre ère; mais alors il faut supposer aussi que le *signe du Cancer* et tous les autres auraient porté les noms des constellations avant que la coïncidence eût eu lieu, ce qui paraît absurde. Que dans notre zodiaque rationnel les signes aient conservé les noms des constellations auxquelles ils correspondaient autrefois, on le conçoit; mais qu'ils les aient portés d'avance, c'est ce que l'on ne peut admettre, et surtout ce que l'on ne doit pas attribuer à M. Fourier pour en faire ensuite un argument contre lui (*a*).

Si on remarque, d'une part, que, suivant M. Biot (1), la constellation du Lion s'étend depuis le 131° 48′ 2″ jusqu'au 168° 8′ 54″, c'est-à-dire qu'elle occupe 36° 20′ 52″, tandis que le Cancer ne s'étend que du 120° 46′ 27″ jusqu'au

---

(1) Ces limites ne sont pas celles que nous donnons plus loin, page 32, parce que M. Biot n'a considéré que les étoiles principales.

(*a*) On sait comment Dupuis a développé l'opinion de Macrobe sur l'origine des noms des constellations, et a démontré que ces noms se rapportaient spécialement au climat de l'Égypte. Feu notre collègue, M. Raige, a entrepris de fortifier les explications de Dupuis, en faisant voir les rapports qui existent entre les noms des mois et ceux des constellations qui y correspondaient originairement (*). Ces deux savans infèrent de leurs explications une antiquité de 15000 ans; mais Dupuis cependant fait voir que la correspondance des phénomènes avec les noms des constellations peut avoir lieu sans recourir à une aussi haute antiquité. Cette explication est celle dans laquelle nous nous sommes renfermés par des raisons que nous avons exposées dans nos *Recherches sur les bas-reliefs astronomiques des Égyptiens*, page 185. Nous ne le

(*) Voir la *Description de l'Égypte*, *Antiquités*, *Mémoires*, vol. 1.ᵉʳ, page 160.

132° 41′ 12″, ce qui le réduit à 11ᵉ 54′ 45″; et , d'autre part, que le signe primitif du Cancer, dans le zodiaque visible et invariable , s'étend du

---

répèterons pas ici. Nous nous bornerons à donner un tableau de la concordance des constellations avec les phénomènes propres à l'Égypte.

| LIEUX du soleil. | CONSTEL- LATIONS entièrement levées au coucher du soleil. | PHÉNOMÈNES. | NOMS DES MOIS | |
|---|---|---|---|---|
| | | | ÉGYPTIENS. | ACTUELS. |
| Lion. | Capricorne. | Solstice d'été. | Epéfi. | 20 juin au 20 juillet. |
| Vierge. | Verseau. | Crue du Nil. | Mesori. | 20 juillet au 20 août. |
| Balance. | Poisson. | Inondation. | Thoth. | 20 août au 20 septembre. |
| Scorpion. | Bélier. | Pâturage. | Faofi. | 20 septembre au 20 octobre. |
| Sagittaire. | Taureau, | Labourage. | Athyr. | 20 octobre au 20 novembre. |
| Capricorne. | Gémeaux. | Fécondation. | Choiak. | 20 novembre au 20 décembre. |
| Verseau. | Cancer. | Solstice d'hiver. | Tybi, | 20 décembre au 20 janvier. |
| Poissons. | Lion. | Richesse de la terre. | Mechir. | 20 janvier au 20 février. |
| Bélier. | Vierge. | Moisson. | Famenoth. | 20 février au 20 mars. |
| Taureau. | Balance. | Equinoxe vernal. | Farmouthi. | 20 mars au 20 avril. |
| Gémeaux. | Scorpion. | Epidémie. | Pachon. | 20 avril au 20 mai. |
| Cancer. | Sagittaire. | Guerre , chasse. | Payni. | 20 mai au 20 juin. |

Cette institution fut précédée d'observations populaires, et notamment de celles des équinoxes marqués , sept siècles avant , par Aldébaran et Antarès, qui sont à 180° de distance l'un de l'autre en longitude.

Elle fut oubliée en partie pendant les guerres, les envahissemens et les révolutions qui ont précédé et suivi en Égypte la ruine de cet empire.

Du temps d'Hipparque, le soleil, au solstice d'été, était dans le Cancer; au solstice d'hiver, dans le Capricorne; et, à l'équinoxe d'automne, dans la Balance. Ainsi se trouva établi le zodiaque grec, qui est devenu le nôtre; mais on voit que cette concordance de trois des noms des signes avec les phénomènes n'est pas celle des Égyptiens : elle en diffère de 180 degrés. Cela vient de ce que les Égyptiens ont donné aux constellations des noms résultant de l'observation des levers du soir, tandis qu'Hipparque observait les constellations en conjonction avec le soleil environ deux mille ans plus tard.

Notre zodiaque mobile ne peut donc remonter qu'au temps d'Hippar-

120ᵉ au 150ᵉ degré (1), on apercevra que la *constellation du Lion* et ce *signe du Cancer* ont de
commun 18° 11′ 58″, entre le 131° 48′ 2″, extrémité à l'est de la constellation du Lion, et le 150°,
extrémité ouest du signe du Cancer. C'est dans
cet espace de 18° 11′ 58″ que le point héliaque
de Sirius a été, comme nous venons de le voir,
depuis l'an 2372 ( et non de 2782) avant notre
ère, jusqu'à l'an 139 de Jésus-Christ, et au delà,
puisqu'il était, en 2782, à 152° 24′ 25″; en 2372,
à 150°, et, en 139, à 136° 1′ 54″. C'est ainsi que
nous avions compris d'abord M. Biot, énonçant
que le point héliaque n'a quitté ni la constellation
du Lion, ni le signe du Cancer. Si l'énoncé dans
ce sens avait une inexactitude, sans conséquence
en ce qui concerne la position du point héliaque
dans le Cancer, depuis 2782 jusqu'en 2372, du
moins il ne supposait pas la mobilité des signes
antérieurement à la coïncidence de 417 ans avant
notre ère : mobilité inadmissible, mais qui a quelque chose de commode pour la critique; car,
pour prouver que le point héliaque n'a pas quitté
le Cancer, on adopte un système qui permet de

---

que. Si on voulait le faire reculer plus haut dans l'antiquité, et le faire
entrer en quelque sorte dans le système égyptien, le signe du solstice
d'été ne devrait plus porter le nom du Cancer, mais bien celui du Capricorne.

(1) La coïncidence des divisions du zodiaque visible et rationnel, qui
a existé, comme nous l'avons dit, environ 410 ans avant notre ère, s'est
renouvelé 2160 ans plus tard, c'est-à-dire en 1750, époque pour lesquelles sont comptées toutes les longitudes dans cet écrit.

faire poursuivre ce point héliaque par le signe mobile du Cancer, pendant près de 4000 ans. On voit qu'il était facile, en présentant les choses d'une certaine manière, de jeter de l'obscurité sur cette question, et de faire dire à M. Fourier une absurdité.

La discussion des diverses situations du point héliaque de Sirius nous a engagés à suivre sa marche pendant une révolution complète de la précession ; révolution qui est de 25920 ans à peu près, comme on sait. Nous en donnons le tableau et la courbe (1) que nous avons tracée, en prenant pour abscisses les longitudes successives des points solsticiaux, et pour ordonnées celles des points héliaques correspondans ; nous y avons indiqué la rétrogradation uniforme des solstices, qui est nécessairement représentée par une ligne droite inclinée à 45°. On voit par ce tableau que le point héliaque ne fait pas une révolution totale avec les équinoxes, mais qu'il a un balancement dans un espace assez limité, entre le 115ᵉ et le 196ᵉ degré, dans les constellations du Cancer, du Lion et de la Vierge. On voit aussi que l'année héliaque varie beaucoup de longueur, et qu'elle a été sensiblement de 365 jours et un quart depuis 9000 ans avant Jésus-Christ, jusqu'en 1000 de notre ère, époque durant laquelle sa rétrogradation était assez régulièrement de 22ʺ à 23ʺ par

_______________

(1) Voir la description de la planche II.

an. En effet, l'année sidérale étant de 365$^j$ 6$^h$ 9$'$, c'est-à-dire, de 9$'$ de plus que 365 jours 1/4, et l'année tropique de 365$^j$ 5$^h$ 49$'$, c'est-à-dire, de 11$'$ de moins que 365 jours 1/4, la différence entre les deux années est de 20$'$, qui correspondent, comme on sait, à 50$''$ de degré ; ce qui fait par seconde de degré 24$''$ d'heure. Pour que l'année héliaque fût juste de 365 jours 1/4, il faudrait donc qu'elle eût de moins que l'année sidérale 9$'$, c'est-à-dire, que sa rétrogradation ne fût que de 22$''$, 50. Nous avons dit plus haut que, depuis 2782 jusqu'en 1322 avant notre ère, la rétrogradation du point héliaque était de 21$''$, 15 ; c'était donc 1$''$, 35 de moins qu'il ne fallait pour que l'année héliaque fût de 365 jours 1/4 : or, 1$''$, 35 de degré correspond à 33$''$ d'heure ; en sorte que l'année héliaque était, à cette époque, de 365$^j$ 5 59$'$ 27$''$. On a donc eu raison de dire qu'elle différait extrêmement peu de 365 jours $\frac{1}{4}$ (1) ; mais on a eu tort d'annoncer que cette fixité n'avait duré que vingt à trente siècles (2). On voit encore, par notre tableau, que cette année a été la plus courte, puisque c'est celle pendant laquelle la rétrogradation a été la plus forte ; on voit aussi que la plus longue année sothiaque a été vers le 13$^e$ siècle avant notre ère, époque à laquelle le point héliaque, au lieu de rétrogra-

_______________

(1) Fourier, page 810.
(2) Biot, page 195 de ses *Recherches*.

der, précédait la fin de l'année sidérale ; en sorte que l'usage du cycle caniculaire de 1460 ans n'aurait pu exister alors. On voit aussi qu'à deux époques, 18000 ans et 11000 ans avant notre ère, la rétrogradation du point héliaque a été nulle ; c'est-à-dire que, pour ces époques, l'année héliaque est égale à l'année sidérale. Enfin, on peut y vérifier sans calculs ce qu'a dit M. Biot (1) : « A mesure que l'on remonte vers les temps anté- « rieurs (à Diodore), on trouve que le lever hé- « liaque de Sirius s'est rapproché de plus en plus « du solstice, qu'il a coïncidé avec lui vers le 28ᵉ « siècle avant l'ère chrétienne, et qu'il l'a précédé « auparavant » ; et ce que nous avons dit plus haut que le signe mobile du Cancer a suivi et contenu le point héliaque pendant près de 4000 ans : c'est en effet le temps qui s'est écoulé depuis la coïncidence dont on vient de parler, jusqu'à ce que ces deux points fussent écartés de 30° ; ce qui est arrivé 3600 ans plus tard. C'est le temps que le point héliaque a mis à traverser les 30 degrés à l'ouest du colure , autrement dit le signe mobile du Cancer; lequel pourrait être figuré sur notre tableau par une bande de 30°, à droite de la ligne indiquant la rétrogradation du solstice.

Il est évident qu'à la fin de la révolution de 25920 ans , le point héliaque se retrouve à son

_______________

(1) Page 160 du même écrit.

point de départ, et que les périodes héliaque et sidérale sont égales en durée totale, puisque le point héliaque perd, par une rétrogradation lente, en 18000 ans, ce qu'il gagne en 8000 ans par une marche opposée et rapide.

Nous avons joint à ce tableau quelques indications qui ne seront pas sans intérêt, ni sans utilité, pour les personnes qui s'occuperont des questions relatives à l'astronomie ancienne des Egyptiens; ce sont les correspondances avec les degrés de l'écliptique 1° des divisions du zodiaque rationnel et visible; 2° des constellations suivant leur étendue dans le ciel; 3° de la position de quelques étoiles principales en longitude (1); 4° de la division du zodiaque égyptien suivant M. Fourier; 5° de la

---

(1) Voici, pour plus d'exactitude, les longitudes des étoiles principales et des limites des constellations pour 1750.

| ÉTOILES PRINCIPALES. | | | CONSTELLATIONS. | LIMITES | | | |
|---|---|---|---|---|---|---|---|
| | | | | À L'OUEST. | | À L'EST. | |
| Foumalhaut. . . . | » ° | 21' | Belier. . . . . . . . . | de  50° | 1' | à  50° | 9' |
| γ du Belier . . . | 29 | 41 | Taureau. . . . . . . | 47 | 40 | 86 | 2 |
| Pléiades. . . . . . . | 56 | 12 | Gémeaux. . . . . . | 87 | 17 | 113 | 54 |
| Aldébaran. . . . . . | 66 | 17 | Cancer. . . . . . . . | 113 | 59 | 152 | 41 |
| Sirius . . . . . . . . | 100 | 39 | Lion. . . . . . . . . | 131 | 48 | 173 | 8 |
| Régulus . . . . . . . | 146 | 21 | Vierge. . . . . . . | 170 | 59 | 216 | 37 |
| L'Epi. . . . . . . . | 200 | 21 | Balance. . . . . . . | 220 | 42 | 257 | 49 |
| Arcturus. . . . . . | 218 | 44 | Scorpion. . . . . . | 259 | 5 | 264 | 55 |
| Antarès. . . . . . . | 246 | 39 | Sagittaire. . . . . | 267 | 46 | 294 | 58 |
| | | | Capricorne. . . . | 299 | » | 322 | 19 |
| | | | Verseau. . . . . . | 508 | 14 | • | 21 |
| | | | Poissons. . . . . . | 545 | 6 | 25 | 52 |

nôtre, soit solaire, soit lunaire; 6° enfin, des années dans lesquelles le solstice d'été s'est trouvé dans les degrés correspondans de l'écliptique. Ces années seront celles du solstice d'hiver en y ajoutant 12960 ans, et celles des équinoxes en y ajoutant ou retranchant 6480 ans.

Les opérations que nous avons faites pour tracer la courbe du point héliaque de Sirius, ont été suivies sur notre globe à pôles mobiles avec la plus grande facilité, et avec une exactitude suffisante, qui se trouve d'ailleurs vérifiée par le calcul rigoureux de quelques uns des points. On conçoit que les astronomes de notre époque, habitués aux instrumens et aux observations modernes, fassent peu de cas d'un procédé qui donne à peine une approximation d'un quart de degré. Mais si, descendant de la hauteur à laquelle ils se sont élevés avec l'astronomie, ils veulent prendre en considération la manière d'observer à l'œil nu, à laquelle les anciens étaient réduits, et qui devait donner lieu à des erreurs de plusieurs degrés, ils trouveront que les travaux les plus précis des premiers astronomes peuvent être suivis avec un grand avantage sur un globe à pôles mobiles, bien construit. Cet instrument, dont l'idée paraît appartenir à Ptolémée, quoiqu'il l'ait mal rendue (1), avait été, jusqu'à nous, mal exécuté. Sur un

---

(1) Delambre, *Histoire de l'Astronomie ancienne*, 2ᵉ vol., p. 299, publiée en 1817.

premier modèle de huit pouces que nous avions fait, presque nous-mêmes, en 1815, M. Poirson, aidé de nos conseils, en avait exécuté deux de 12 pouces, dont un nous appartient, et l'autre est à l'école des ponts et chaussées, à la disposition de M. Biot, qui souvent s'en est servi, sans savoir qu'il nous en avait l'obligation, ou du moins, sans le dire. Nous nous félicitons néanmoins de lui avoir épargné des peines et du temps, et de l'avoir mis à même de retourner plus promptement à des études qui paraissent avoir pour lui plus d'attraits.

M. Delambre, qui nous fait plus d'honneur, puisqu'il rend justice à notre globe (1), dit cependant à l'occasion de la vérification que nous avons faite, au moyen de cet instrument de la table des paranatellons, faussement attribuée à Eratosthène, que le calcul n'est pas aussi long qu'on pourrait le penser; et « qu'on aurait vérifié tout Eratos- « thène en beaucoup moins de temps qu'il n'en « faudrait à l'artiste pour ébaucher son globe. » Cela peut être vrai, mais on conviendra que dans le premier cas le résultat se bornera à une vérification d'Eratosthène, tandis que dans le second cas on aura un instrument propre à faire toutes les vérifications semblables en quelques minutes. C'est l'avantage de toutes les machines, dont les

--------

(1) Delambre, *Histoire de l'Astronomie du moyen âge*, page LVII.

frais de construction sont largement payés par
l'usage qu'on en fait.

Nous avons ajouté à notre globe un petit appareil qui le rend propre aux observations des levers
héliaques ; c'est un horizon mobile de peu d'étendue, que l'on suspend au dessous de l'horizon
fixe à la distance convenable, au moyen de trois
vis. Sur cet horizon on pose une petite lame mince,
étroite et pointue, avec laquelle on repère facile-
ment sur ce globe une partie quelconque de l'horizon mobile. Nous ne nous sommes occupés, ni
de la réfraction, ni des variations de l'obliquité
de l'écliptique ; cela était inutile pour les questions
que nous avions à traiter. Notre globe pourrait y
être assujéti à peu de frais, si cela était nécessaire.

Telles sont à peu près les observations que
nous avions à faire à M. Biot sur son livre publié
en 1823. Nous attendrons la publication de ses
nouveaux Mémoires sur l'astronomie égyptienne,
pour reprendre la plume, si cela est nécessaire.
Mais nous étions véritablement en peine de la
situation où nous nous étions mis en restant si
long-temps sans lui répondre ; car, dans le genre
de polémique qui paraîtrait convenir au savant
académicien, il faudrait avoir souvent les armes
à la main. En effet, même en déclarant deux fois (1)
qu'il est tout-à-fait disposé à croire ce que nous disons

---

(1) Pages xxxii et 277.

à l'occasion de l'idée première de la projection employée par les Égyptiens, dans la construction du
planisphère circulaire de Denderah, il ajoute que
personne ne nous a cités à ce sujet, ni attribué
cette idée, et que nous-mêmes nous n'avons
jamais réclamé contre ce *silence*. Sept ans après
notre publication de 1816, à l'occasion du Mémoire
de M. Biot, nous élevons la voix pour réclamer; alors
cet académicien nous gourmande vertement, et
nous, si bien avertis, nous gardons encore le
*silence* pendant dix ans. Il nous avait cependant
traités bien sévèrement puisqu'il avait jugé convenable de s'en excuser, en quelque sorte, dans
son avant-propos, en annonçant son examen
critique de notre Mémoire par les phrases sui-
vantes : « Le titre de ce morceau en indique
« assez l'objet qu'il m'eût été plus agréable d'é-
« viter » ; et : « A la suite de cette discussion
« que j'aurais désiré vivement ne pas entrepren-
« dre (1) ». Et tout cela pourquoi? parce que
nous n'avons pas voulu qu'on se fît un mérite
d'une prétendue découverte importante, que nous
avions faite sans beaucoup de peine, dont l'idée
s'est présentée naturellement à nous, comme elle
se présenterait probablement à tous ceux qui en-
visageraient la question pour la première fois; et
sous le prétexte de repousser une réclamation

---

(1) Pages xxxii et xxxv.

publiquement portée devant les académies (2).
Mais étaient-ce bien là les motifs ? n'était-ce pas
plutôt parce que l'on nous a trouvés opposans,
dans une circonstance où on voulait prouver que
M. Fourier s'était fourvoyé, et que l'astronomie
égyptienne ne remonte pas à plus de 700 ans
avant Jésus-Christ. C'était là vraiment ce qu'il fallait démontrer en 1823. Ce n'est plus cela maintenant, on est affranchi de bien des liens, et M.
Biot, dans la séance de l'Académie des Sciences
du 30 juin 1834, a pu dire, comme M. Fourier,
que le lever héliaque de Sirius a été observé en
Égypte dans les temps les plus reculés ; et comme
nous, que Régulus, Antarès, Foumalhaut et
Aldébaran, marquaient originairement les signes
équinoxiaux et solsticiaux.

Que pouvons-nous demander de mieux que ce
retour du savant académicien à nos opinions,
quand nous avons d'ailleurs pour nous le témoi-
gnage honorable, et déjà ancien, de M. Delambre ?
En parlant de notre travail, dans le discours préliminaire de son Histoire de l'astronomie du moyen
âge (1), ce célèbre astronome, ce consciencieux
écrivain dit avec nous que les zodiaques d'Esné
et de Denderah représentent l'état du ciel de Thèbes ; il admet que la table des paranatellons, attri-

-----

(1) Page 282.
(2) Page xv.

buée à Eratosthène, est un ouvrage égyptien (1);
il reconnaît, de la manière la moins équivoque,
les douze signes de l'Écliptique, et entre autres le
Cancer (2), qu'on a voulu transformer en un
homme à tête d'épervier. Il trouve (3) que nous
nous sommes aidés avec sagacité, mais circon-
spection, des idées paranatellontiques, et enfin il
déclare (4) en citant nos recherches sur les bas-
reliefs astronomiques des Égyptiens, qu'il ne faut
chercher dans le zodiaque que ce qu'y ont cher-
ché les *sages auteurs du Mémoire*. « Ils ont voulu
« prouver, dit-il, que les Égyptiens connaissaient
« les douzes signes du zodiaque; rien n'est mieux
« démontré; que malgré les incertitudes et la con-
« fusion produites par tant de figures équivoques,
« on pouvait cependant reconnaître sûrement un
« nombre de constellations extra-zodiacales; et je
« crois encore ce point suffisamment établi : eux-
« mêmes nous avertissent de ne pas nous égarer dans
« ce labyrinthe, de ne pas nous livrer à la manie de
« conjecturer........ Ils n'ont pas prétendu que
« ces monumens renfermassent des preuves d'une
« astronomie perfectionnée, ils n'y ont vu qu'une
« astronomie très ancienne, qui est celle que nous
« accordons, sans difficulté, à tous les peuples qui
« ont existé long-temps. »

---

(1) Page XVI.
(2) Page XI.
(3) Page XII.
(4) Page XVI.

Jamais, en faveur même du système que M. Biot nous dit (1) lui avoir expliqué à son lit de mort, M. Delambre, quelque fatigué qu'il pût être par cette communication inopportune, ne sera convenu, contrairement à son opinion émise (2) dans son discours préliminaire de l'astronomie du moyen âge, qu'un bas-relief pût rendre exactement les observations qu'on aurait faites, même à l'œil nu. Nous savons, par les difficultés que nous avons éprouvées à dessiner les zodiaques égyptiens, celles qu'on a dû trouver en les sculptant sur place, comme ils l'ont été très certainement. Ce ne sont donc pas des monumens construits avec une rigueur mathématique ; mais seulement des tableaux paranatellontiques, d'où l'on peut tirer des inductions infiniment probables, mais sur lesquels aucun calcul rigoureux ne peut être établi, parce qu'il suffit que certaines circonstances soient admises pour que les autres deviennent impossibles. C'est ce qui saute aux yeux, même dans le système de M. Biot, et ce qui nous a frappés dès l'origine de nos recherches.

Nous nous en tenons donc à nos conclusions de 1816, malgré la critique de M. Biot; et satisfaits du suffrage de M. Delambre, nous nous dispenserons de défendre notre Mémoire, article par article, contre des attaques qui tiennent à un système

---

(1) Page **282**.
(2) Page viii.

que M. Biot abandonnera sans doute, s'il ne l'a déjà fait. D'ailleurs, il nous eût fallu écrire un livre aussi volumineux que celui de cet académicien, et nous n'avons jugé cela ni utile ni convenable.

# EXPLICATION

# des Planches.

### PLANCHE Iʳᵉ.

**Lettre de M. Fourier au sujet des recherches de M. Biot sur plusieurs points de l'astronomie égyptienne.**

Cette lettre a été écrite le 16 septembre 1823, par M. Fourier à M. Devilliers, pour lui témoigner le désir d'examiner avec lui la dissertation de M. Biot, publiée en 1823 et intitulée *Recherches sur plusieurs points de l'Astronomie égyptienne.* Cet examen n'a pas eu lieu, à notre grand regret ; nous produisons la lettre de M. Fourier, pour nous justifier, s'il en était besoin, du parti que nous prenons après sa mort, de répondre pour lui à M. Biot.

### PLANCHE II.

**Mouvement du point héliaque pendant la période astronomique de 25920 ans.**

Le titre de cette planche, déjà bien long, est cependant trop court pour être parfaitement clair. Il n'aurait peut-être pas besoin d'explication, non plus que le reste de notre tableau, pour les personnes qui liront notre Mémoire avec quelque attention. C'est donc particulièrement pour celles qui jetteront les yeux sur la planche II, sans l'avoir lu, que nous allons entrer dans quelques détails.

Le point héliaque se rapporte uniquement à Sirius, parce que c'est seulement à l'observation du lever héliaque de cette étoile remarquable que les anciens astronomes ont attaché une haute importance. Ce point héliaque est celui où se trouve le soleil au moment du lever héliaque de Sirius pour la latitude de Thèbes.

Le mouvement de ce point consiste en un balancement entre les étoiles les plus orientales de la constellation du Cancer, et le milieu de la constellation de la Vierge ; ce qui correspond à l'espace compris entre le 115ᵉ et le 196ᵉ degré de longitude (1) : les longitudes rapportées à l'année 1750. Pour faire comprendre comment notre tableau exprime ce balancement, il faut que nous expliquions sa composition, ainsi que la construction de la courbe qui indique la marche du point héliaque.

Dans le sens vertical, on voit que le tableau est divisé en 12 divisions principales, lesquelles sont subdivisées en six autres. A droite sont trois colonnes qui représentent une partie de l'écliptique, depuis le 110ᵉ jusqu'au 200ᵉ degré de longitude.

La première de ces trois colonnes contient la subdivision de l'écliptique en degrés ; la deuxième colonne indique la place des signes du zodiaque visible ou fixe ; la troisième colonne fait voir l'étendue et les limites des constellations du Cancer, du Lion et de la Vierge, qui sont dans cette partie du ciel.

Au lieu d'écrire, là comme dans le reste du tableau, les noms des constellations, nous les avons indiquées par les signes connus, et dont voici au reste l'explication.

---

(1) Il est bien entendu que ce sont les longitudes pour 1750. Le premier degré du Belier du zodiaque rationnel, en 1750, est pour nous un point fixe auquel nous rapportons toutes les désignations que nous voulons donner sur l'écliptique

| Belier | ♈ | Cancer | ♋ | Balance | ♎ | Capricorne | ♑ |
| Taureau | ♉ | Lion | ♌ | Scorpion | ♏ | Verseau | ♒ |
| Gémeaux | ♊ | Vierge | ♍ | Sagittaire | ♐ | Poissons | ♓ |

Des lignes ponctuées horizontales, qui traversent les trois colonnes, indiquent les divisions égyptiennes de l'écliptique, suivant le système de M. Fourier, et suivant le nôtre qui a Régulus pour point de départ.

Dans le sens horizontal, la partie supérieure du tableau est partagée en 18 bandes, correspondant de cinq en cinq degrés, avec les divisions de l'écliptique. Les lignes qui passent aux 120°, 150°, et 180° degrés, sont marquées plus fortement que les autres; ce sont les divisions des signes du zodiaque visible, ainsi que du zodiaque rationnel en 1750.

Au dessous de ces 18 bandes, on en voit onze autres moins larges, qui occupent la partie inférieure du tableau, et dont les désignations sont écrites en marge à droite de chacune d'elles : mais comme ces indications sont brèves, nous allons suppléer à leur insuffisance.

La première bande, très étroite, représente l'écliptique divisé en 360 degrés, dont le numérotage va de droite à gauche, comme on voit le soleil marcher dans sa révolution annuelle, du couchant à l'orient quand on regarde le midi. Ces divisions sont égales à celles de la portion de l'écliptique représentée dans les colonnes à droite du tableau. Elles correspondent verticalement de 30 en 30 avec les divisions principales, et de 5 en 5 avec les divisions secondaires, ainsi qu'on le voit dans la deuxième bande.

Cette deuxième bande renferme en outre quelques étoiles remarquables, placées dans leur situation véritable en longitude.

La troisième bande est le zodiaque rationnel en 1750, dont le 1er degré correspond au 1er degré du signe du Belier.

La quatrième bande est le zodiaque visible fixe, avec les divisions duquel correspondaient celles du zodiaque rationnel en 1750, mais avec le déplacement total d'un signe, de telle

manière que le Belier du zodiaque fixe correspondait au Taureau du zodiaque mobile ; le Taureau aux Gémeaux, et ainsi
de suite. La correspondance parfaite des deux zodiaques a exis-
tée 410 ans environ avant notre ère, puisque la rétrogradation
est de un degré en 72 ans, et que le changement en 1750 était
d'un signe entier, ou de 30 degrés qui correspondent à 2160
ans. En effet, en retranchant 410 de 2160, il reste 1750.

La cinquième bande indique les limites des douze constellations zodiacales de Ptolémée. Lorsque ces constellations ne se
touchent pas, il se trouve un espace vide entre les deux traits
verticaux qui indiquent les limites, et de petites attaches font
voir par leurs directions où se terminent les constellations.
Quand les constellations se croisent, leur séparation est indiquée par une ligne oblique, dont les extrémités s'étendent
jusqu'aux limites des deux constellations. On a marqué par des
lignes ponctuées les limites attribuées aux constellations du
Lion et du Cancer par M. Biot (1), à raison des étoiles principales auxquelles il s'est arrêté.

La sixième bande indique les divisions égyptiennes de l'écliptique d'après M. Fourier. Elles passent à l'ouest de celles du
zodiaque visible. Le système de ces divisions est fondé sur des
considérations développées dans notre Mémoire.

La septième bande est la division que nous avons adoptée
dans nos recherches sur les bas-reliefs astronomiques des Égyptiens (2). Une des divisions passe sur Régulus, étoile de 1re
grandeur, placée presque sur l'écliptique ; une autre division
passe dans l'espace vide qui sépare le Scorpion du Sagittaire ;
une autre de même entre le Sagittaire et le Capricorne ; une
autre entre les Poissons et le Belier ; une autre entre le Taureau
et les Gemeaux, et une autre enfin sur les dernières étoiles du
Cancer. Ces concordances nous ont paru remarquables.

La huitième bande contient les 28 divisions lunaires, dont

---

(1) *Recherches sur l'Astronomie égyptienne*, page 239.
(2) Voyez la *Description de l'Egypte, Antiquités, Mémoires*, page 489.

une, suivant nous, passe comme la division solaire sur la même étoile Régulus. Cette division lunaire est la 9ᵉ. La 1ʳᵉ tombe à 57′ seulement à l'est de γ du Bélier, point de départ des divisions lunaires dans tout l'Orient.

Les neuvième, dixième et onzième bandes contiennent les divisions et subdivisions, en siècles, de la période de 25920 ans qui est celle de la révolution totale des équinoxes. Le zéro de cette bande correspond à l'origine de l'ère chrétienne. Le numérotage sur la gauche, c'est-à-dire avant notre ère, va jusqu'à 17690; celui à droite va jusqu'à 8230. Ces années réunies font la période de 25920 ans. Ces 25920 ans correspondant à 360°, chaque degré correspond à 72 ans, et chaque année à 50 secondes de degré.

Chaque année correspond verticalement avec le degré de l'écliptique de la 1ʳᵉ bande où se trouvait dans cette même année le solstice d'été, ainsi qu'avec les diverses divisions du zodiaque et avec les constellations comprises dans les bandes intermédiaires. C'est ce que fait voir plus particulièrement la 11ᵉ bande divisée en douze parties correspondant aux douze divisions de l'écliptique. Le nombre mis à chaque division donne exactement l'année où le solstice se trouvait au point de division.

Ainsi en 410, avant notre ère, par exemple, le solstice était au 120ᵉ degré de longitude; au 1ᵉʳ degré du signe du Cancer du zodiaque rationnel, comme il y est toujours, de même que l'équinoxe est toujours au 1ᵉʳ degré du Belier; il était aussi au 1ᵉʳ degré du signe du Cancer du zodiaque fixe, puisque cette époque est celle de la coïncidence parfaite des deux zodiaques; il était dans la constellation du Cancer, et dans le signe du Cancer, suivant la division de M. Fourier et la nôtre; il était enfin dans la 7ᵉ division lunaire.

On voit de même qu'en 1750 de notre ère, le solstice était au 90ᵉ degré de longitude; au 1ᵉʳ degré du signe du Cancer du zodiaque rationnel, comme il y est toujours; au 1ᵉʳ degré du signe des Gémeaux du zodiaque visible; dans la constellation des Gémeaux; dans le signe des Gémeaux suivant M. Fourier et nous, et enfin dans la 5e division lunaire.

Pour dernier exemple prenons l'année 2570 avant notre ère. Alors le solstice était comme on voit au 150e degré de longitude; au 1er degré du signe du zodiaque mobile, auquel on a donné le nom du Cancer; au 1er degré du signe du Lion du zodiaque visible, au milieu de la constellation du Lion, dans le signe du Lion, suivant la division de M. Fourier et la nôtre, et dans la 10e division lunaire.

Venons maintenant à la construction de la courbe.

Pendant la durée de la période de 25920 ans, le solstice d'été parcourt successivement tous les degrés de l'écliptique. Si on élève une perpendiculaire sur l'un quelconque des points de la ligne horizontale qui représente l'écliptique, et si sur cette verticale on marque la longitude du point héliaque, au moyen de la division de l'écliptique qui est à droite du tableau, on aura un des points de notre courbe. Ainsi, par exemple, en 13370 avant notre ère, le solstice étant au 300e degré de longitude, le point héliaque était au 150e. On remarquera que notre courbe n'est pas la trace d'un point sur la sphère; mais l'indication de la décroissance plus ou moins lente de la longitude du point héliaque. La courbe se balance, ou serpente entre le 115e et le 196e degré; c'est pourquoi nous n'avons représenté que cette partie de l'écliptique, dans le sens de la hauteur. Le reste aurait donné inutilement à notre planche une hauteur égale à sa largeur.

Nous avons marqué par une ligne la rétrogradation du solstice. Cette ligne tracée dans les mêmes conditions que la courbe indique la décroissance uniforme de la longitude du point solsticial, et ne peut être en conséquence qu'une ligne droite. Elle doit être inclinée à 45°, car c'est pour chaque point la même longitude qu'on a portée horizontalement et verticalement. Si les lignes verticales et horizontales ne sont pas égales, c'est qu'une partie du tableau est supprimée, comme nous l'avons dit mais le numérotage des degrés à droite et en bas peut y suppléer : et l'on voit tout de suite qu'un des points quelconque de la ligne de rétrogradation du solstice correspond horizontalement et verticalement au même degré de l'écliptique.

On peut au moyen de notre tableau comparer la durée de l'année héliaque à différentes époques, avec celles des années tropiques et sidérales. Pour cela il faut considérer la marche du soleil sur l'écliptique dont une portion est contenue dans les trois colonnes à droite.

Prenons, par exemple l'année 4730 avant notre ère, et comparons d'abord l'année tropique à l'année sidérale. Soit le point de départ des deux années le 180$^e$ degré. Pour que l'année sidérale accomplisse son cours, il faut que le soleil arrive à ce point de départ ; mais avant d'y arriver, il rencontre la ligne de rétrogradation du solstice en un point dont la longitude est moindre, en 4729, que celle du point de départ. L'année tropique ou solsticiale est donc plus courte que l'année sidérale ; et la différence est de $\frac{1}{25920}$ de 365 j. 6 h. 9′ 11″ c'est-à-dire 20′. C'est en effet celle qui existe, et notre tableau se trouve ainsi vérifié.

Comparons à présent, pour la même époque, la durée de l'année sidérale avec l'année héliaque. Soit le point de départ le 164$^e$ degré. L'année sidérale sera terminée quand le soleil sera revenu à ce point ; mais avant d'y arriver, il aura rencontré la courbe ; c'est-à-dire qu'en 4729 la longitude du point héliaque sera moindre que celle du point de départ en 4730. L'année héliaque est donc plus courte que l'année sidérale. Pour trouver de combien est la différence, il faut considérer et mesurer l'inclinaison de l'élément de la courbe en ce point. Remarquons d'abord que si cet élément était parallèle à la ligne des abscisses, l'année héliaque serait égale à l'année sidérale, puisque le point héliaque aurait la même longitude que le point de départ ; c'est ce qui arrive aux points maximum et minimum de la courbe : et si l'inclinaison était contraire à celle que nous observons en

4730 ; l'année héliaque serait plus longue que l'année sidérale ; c'est ce qui est très remarquable pour l'époque de 12 à 13 mille ans avant notre ère.

Revenons à la mesure de l'inclinaison de la courbe en 4730. Les élémens de l'abscisse et de l'ordonnée sont entre eux comme 120 est à 52. Or, nous avons trouvé tout-à-l'heure, à l'occasion de l'année solsticiale, que pour une inclinaison de 45° ou une abscisse égale à l'ordonnée, la rétrogradation était de 20'. Celle du point héliaque sera donc moindre dans le rapport de 120 à 52 ; c'est-à-dire 9' environ.

Il suit de là que l'année héliaque différait en 4730 de l'année tropique de 11' environ, c'est ce qu'on trouverait en comparant la différence d'inclinaison de l'élément de la courbe, et de la ligne de rétrogradation du solstice.

Le point de rencontre de la courbe et de la ligne droite montre que 2750 ans environ avant notre ère le point héliaque et le point solsticial avaient la même longitude : c'est-à-dire que le lever héliaque de Sirius avait lieu au solstice.

Pour la latitude de Memphis, la rencontre a eu lieu au 33ᵉ siècle.

Enfin on peut vérifier qu'en 2782 et 1322 avant notre ère, ainsi qu'en 139 de notre ère, notre courbe satisfait aux longitudes du point héliaque données par M. Biot (1), d'après les calculs de M. Idler et les siens.

Nous croyons inutile d'entrer dans de plus grands détails sur la composition de notre tableau, et sur l'usage qu'on peut en faire pour arriver sans calculs à des résultats très rapprochés. Il aura toujours l'avantage de parler aux yeux, et de faciliter des calculs plus rigoureux, en éclairant la route de ceux qui voudront les entreprendre.

___

(1) *Recherches sur l'Astronomie des Égyptiens*, page 239.

FIN.

IMPRIMERIE DE PAUL DUPONT,
Rue de Grenelle-St-Honoré, n° 55, à Paris.

Appendice aux recherches sur les bas-reliefs
astronomiques des Égyptiens par M.rs Jollois et Devilliers.

Lettre de M.r Fourier au sujet des recherches de M.r Biot
sur plusieurs points de l'Astronomie Égyptienne.

Je prie mon collègue monsieur de Villiers d'excuser mon retard au sujet de l'examen que nous devons faire ensemble des questions du n.o 6. Je m'occupe dans sa dissertation. Je serai absent pour douze jours environ. À mon retour de la campagne j'irai trouver monsieur de Villiers, et il nous sera facile d'éclaircir ce que l'on a voulu rendre obscur.

Je n'ai point voulu partir pour la campagne sans prévenir monsieur de Villiers et lui renouveler l'expression de notre ancienne amitié et de mon dévouement.

J.h Fourier

Paris 16 Septembre 1823.